VOCABULAIRE

DU

BAS LANGAGE RÉMOIS,

PAR E. SAUBINET AINÉ,

MEMBRE DE L'ACADÉMIE DE REIMS.

REIMS,

BRISSART-BINET, LIBRAIRE DE L'ACADÉMIE.

MDCCCXLV.

LOCUTIONS VICIEUSES.	CORRIGÉ.
Abajoue.	Bajoue.
Aberluder.	Éblouir.
Abotir.	Regarder à la dérobée.
Abouler.	Envoyer, donner.
Accrampi.	Qui a la crampe.
Accroupetonner (s').	S'asseoir à croupetons.
Acculer (s').	Se mettre en retard.
Acculé.	Être en retard.
Acoter (s').	S'appuyer sur un objet.
Adivert.	Insupportable.

LOCUTIONS VICIEUSES.	CORRIGÉ.
Adresse (être d').	Être beau, adroit, de bonne mine.
Affiquot.	Affiquet.
Affligé (être).	Être bossu, boiteux, contrefait.
Affolé.	Blessé légèrement.
Affriolé.	Rendu friand.
Affulé.	Coiffé.
Agacées (dents).	Pour avoir mangé des fruits verts et acides.
Agencé.	Embarrassé.
Agis (les).	Aitres ou êtres d'une maison.
Agobilles.	Nippes.
Agonir (d'injures).	Invectiver.
Agourdinement (d'un lit).	Accoutrement d'un lit.
Agripper.	Arracher des mains.
Aguincher (s').	S'ajuster, se parer.
Ahoté (être).	Être embourbé, arrêté par quelques obstacles.
Aigledon.	Édredon.
Ails.	Aulx (*peu usité*).
Aines.	Marc de raisin.

LOCUTIONS VICIEUSES.	CORRIGÉ.
Aingle.	Aine.
Airé.	Aéré.
Ajambée (une).	Enjambée (une).
Ajamber.	Enjamber.
A la queue leu leu.	Se dit des enfants qui courent l'un derrière l'autre, se tenant par leurs habits.
Alerte.	Terreur panique.
Alevin.	Terme injurieux employé par les petits polissons.
Alezan.	Leste, vif, dispos.
Alingé.	Linge raccommodé.
Allé (je me suis en).	Je m'en suis allé.
Allouette (l').	La luette.
Alloutrer (s').	Se crotter jusqu'à l'échine.
Amaté.	Enfoncé dans la boue jusqu'au cou.
Ambe (aller l').	Amble.
Ambre (un).	Ambe.
Amelette.	Omelette.
Amonition (pain d').	Pain de munition.
Anchette.	Petit entonnoir.

LOCUTIONS VICIEUSES.	CORRIGÉ.
Anglaise.	Redingote.
Angola.	Angora.
Anguster.	Serrer, étrangler.
Anichroche (un).	Un imbécile, un maladroit.
Annuy.	Aujourd'hui.
Ansu.	Rendez-vous.
Antipotes.	Antipodes.
Antrappe.	Anthrax.
Apoplessie.	Apoplexie.
Après-soupe.	Le plat qui suit immédiatement la soupe.
Après vous.	A la suite de vous.
Araigne (une).	Araignée (une).
Arboriste (un).	Herboriste (un).
Arcir les dents.	Grincer les dents par suite du bruit fait avec un outil.
Aréchal (fil d')	Archal (fil d').
Argotier.	Qui s'occupe beaucoup pour ne rien faire.
Argots (les).	Ergots (les).
Aria.	Embarras.
Arlat.	Insupportable.

LOCUTIONS VICIEUSES.	CORRIGÉ.
Armanach.	Almanach.
Armistie.	Armistice.
Arnicroche,	Propre à rien.
Arnoud.	Hanneton.
Assassineur.	Assassin.
Assez (en voilà bien).	Très-souvent employé, sans sujet, à la fin d'une phrase.
Assoie.	Embarras.
Asson.	Cime d'un clocher.
Atout (recevoir un).	Fort coup, forte tape.
Attoucher.	Toucher à quelque chose.
Attrucher (s').	Avaler précipitamment, de manière qu'un morceau s'arrête au gosier.
Attuyau (un).	Un maladroit.
Aujord'hui.	Aujourd'hui.
Aujourd'aujourd'hui.	Aujourd'hui.
Auler.	S'occuper de peu de chose.
Auleur.	Désœuvré.
Aulier.	Désœuvré.
Au preume.	Au moment même.
Autremer.	Bourdelai, gros raisin.

LOCUTIONS VICIEUSES.	CORRIGÉ.
Avainder.	Aveindre.
Avaledru (un).	Un glouton.
Avanzier.	Avant-hier.
Avau.	Parmi.
Avolter.	Avorter.
Azy.	Havi, rôti sans être cuit.

LOCUTIONS VICIEUSES.	CORRIGÉ.
Babaque.	Se dit aux enfants, quand ils veulent toucher à quelque chose de sale.
Bacoule.	Sorte de belette qui mange les poules.
Baffuteries.	Vieux meubles sans valeur.
Bagnolle.	Pauvre maison, cahute.
Bagout.	Bavardage.
Baguenaudeur.	Celui qui baguenaude.
Bâiller.	Crier, gronder fort.

LOCUTIONS VICIEUSES.	CORRIGÉ.
Balier.	Balayer.
Baliures.	Balayures.
Balloqué.	Secoué, cahoté.
Balosse (une).	Prune (une).
Bamboches.	Babouches.
Banne (une).	Berceau d'enfant (manne).
Baracan.	Bouracan.
Barbâte (rue du).	Barbâtre (rue du)
Baromette (un).	Baromètre (un).
Barou (un).	Tombereau (un).
Basser.	Bassiner.
Bassière (vin de).	Vin de Baissière.
Bataclan.	Embarras.
Bâtard.	Bâtardeau.
Batata.	Je m'en moque.
Bate.	Bah!
Baudenat.	Bondon d'un poinçon.
Bècher.	L'action du poulet qui perce sa coque.
Bècheveter.	Ranger des livres alternativement par le dos et par la tranche.

LOCUTIONS VICIEUSES.	CORRIGÉ.
Bel et bien.	Beaucoup.
Bel hommes (des).	De beaux hommes.
Belsamine (une).	Balsamine (une).
Berlafre (une).	Un bobo à la lèvre.
Berlan (un).	Un brelan.
Berlander.	Aller et venir sans nécessité.
Berloque.	Breloque.
Berluder.	Flâner.
Berludier (un).	Un Flâneur.
Bertelle.	Bretelle.
Besiques.	Besicles.
Beurre (il a fait son).	Il a gagné de l'argent indélicatement dans une affaire.
Beutier.	Un lourdaud, un brutal.
Bien faire (je ne puis vous).	Je ne puis rien vous donner.
Bien (tré-)	Beaucoup.
Bileux.	Bilieux.
Bilot.	Oie.
Bique (la).	La dent (employé envers un enfant).
Bissonnière (école).	École buissonnière

LOCUTIONS VICIEUSES.	CORRIGÉ.
Blaf.	Blafard.
Blauche.	Motte de terre.
Blet (un fruit).	Un fruit trop mûr.
Bleuet.	Bluet.
Bobée.	Petite fille.
Boise.	Poutre déposée dans une rue et sur laquelle le public s'assied.
Boissonner.	Boire fréquemment quand on est indisposé.
Bonette.	Petite fenêtre, créneau.
Bonne heure (à).	De bonne heure, *c. à d.* de bon matin.
Bosser.	Bossuer.
Bossute (une).	Bossue (une).
Bot.	Exclamation d'admiration.
Bouchère.	Petit sac de toile dans lequel on fait manger l'avoine aux chevaux.
Bouchie.	Bouchée.
Bouffe-la-balle (un).	Un homme gros, court et ventru.
Bouffeter.	Ne pas bouger d'un endroit.

LOCUTIONS VICIEUSES.	CORRIGÉ.
Bouillé (une).	Une cloche formée sur la peau par suite d'une brûlure.
Bouler.	Puiser de l'eau avec ses pieds comme font les enfants
Boulie.	Bouillie.
Boulu (lait).	Lait bouilli.
Boulvari.	Grand tumulte, hourvari.
Bouquin.	Fromage passé.
Bouquigner.	Donner des coups de poing.
Boura (la marmite).	La marmite bouillira.
Bourbiller.	Être rempli.
Bourbonnaise.	Pâtisserie faite avec du fromage de Marolles, et qui doit se manger le plus chaud possible.
Bourriauder.	Bourrer fortement et méchamment.
Bousière.	Embarras, léger accident.
Bouzet.	Croûte sur la tête des petits enfants.
Brâme.	Brême, poisson.
Brasse-corps (à).	A bras le corps.

LOCUTIONS VICIEUSES.	CORRIGÉ.
Brichauder.	Laver, nettoyer un appartement
Brisaque.	Qui brise tout.
Brocaille.	Blocaille.
Brondequin.	Brodequin.
Brondiner.	Se dit du bruit que produit l'air quand le tablier d'une cheminée à la prussienne est baissé.
Brondir.	Se dit du bruit que produit une toupie d'Allemagne lancée fortement.
Broquelet.	Bondon d'un poinçon.
Broqueleux.	Raboteux.
Brouette (faire la).	Se dit d'une demoiselle qui regarde danser, attendant un danseur.
Brouillasser.	Bruiner.
Brouser.	Barbouiller, tacher.
Broutier.	Conducteur de baquet.
Brukcelles.	Bruxelles.
Bu (homme).	Homme ivre.
Buat.	Benêt, sot.
Bûcher.	Taper très-fort.

LOCUTIONS VICIEUSES.	CORRIGÉ.
Buquer.	Frapper.
Buresse.	Lavandière.
Buson.	Bâton rond réunissant les deux perches perpendiculaires formant une échelle.
Buson (un).	Un sot, une bête.

LOCUTIONS VICIEUSES.	CORRIGÉ.
Cabot.	Corne des pieds des animaux, chevaux, bœufs, cochons, etc.
Cabre.	Chèvre.
Cabres.	Maquereaux, taches qui viennent aux jambes, quand on s'est chauffé de trop près.
Cabri.	Chevreau.
Caca (un).	Un œuf.
Cacaphonie.	Cacophonie.
Cadot.	Petit siége d'enfant.

LOCUTIONS VICIEUSES.	CORRIGÉ.
Caffut.	Marchandise rebutée, vieux meuble.
Caffuter.	Rebuter, rejeter, mettre au vieux.
Cagetendrelle.	Cage pour attraper les oiseaux.
Cagner.	Etre poltron.
Cahotement.	Cahotage.
Cahou.	Entêté.
Cahours.	Entêté.
Calbalance.	Balançoire.
Calbalancer.	Aller sur une balançoire.
Calbanon.	Chenil, mauvais trou.
Caler.	Terme de jeu employé lorsqu'on lance une balle contre quelqu'un ou une bille sur une autre.
Caliborgne.	Borgne.
Calonnier.	Canonnier.
Calvi (pomme de)	de Calville.
Cambuis.	Cambouis, vieux oint.
Camouzi.	Moisi.
Campagne (être en).	Etre à la campagne.

LOCUTIONS VICIEUSES.	CORRIGÉ.
Campousse (prendre la).	Se sauver à toutes jambes.
Campousser (quelqu'un).	Le chasser, l'éloigner, le repousser.
Caneçon.	Caleçon.
Canle.	Pratique d'ouvriers.
Caquelinette.	Mouche verte. (Chrysomèle.)
Carapie.	Charogne.
Carcaillousse.	Gens de mauvaise vie.
Cardon (petit poisson du genre de la carpe).	Gardon.
Carteler.	Aller entre deux ornières pour les éviter. (Cartayer.)
Casse (une).	Poêlon de cuivre pour boire.
Casselle.	Poêlon en terre.
Casterole.	Casserole.
Castonade.	Cassonade.
Cataplace.	Cataplasme.
Catéchisse.	Catéchisme.
Cayot.	Noix.
Cayotier.	Noyer.

LOCUTIONS VICIEUSES.	CORRIGÉ.
Cémétière (la).	Cimetière (le).
Cendrier.	Grosse toile sur laquelle on place des cendres pour faire la lessive. (Charrier.)
Centaure (voix de).	Voix de Stentor.
Cériot.	Cerneau.
Cerre (porte).	Porte de Cérès.
Cérusien.	Chirurgien.
Cesses.	Merises.
C'est eux qui ont.	Ce sont eux.
Chabouclé.	Taché de moisissures.
Chaloine.	Chanoine.
Chambe (une).	Une chambre.
Chameau (un).	Un gros nuage.
Chameau (un vrai).	Terme de mépris, homme de rien.
Chanveux.	Ligneux, filandreux.
Charcreux.	Enfant maigre et mal nourri.
Charculot.	Le dernier des enfants d'une nombreuse famille.
Chardronnet.	Chardonneret.
Charitiau.	Enfant élevé à l'hôpital-général.

LOCUTIONS VICIEUSES.	CORRIGÉ.
Chassoire.	Petite ficelle attachée au bout d'un fouet.
Chauderlas.	Hardes, effets à vendre.
Chauffoir.	Couvet, vase d'airain ou de terre que les femmes placent sous leurs jupons pour se chauffer.
Chaurées.	Chaleurs qui montent à la tête.
Cheligne.	Chenille.
Cheneveuse (grain de)	Chenevis.
Chenu (du).	Quelque chose de très-bon.
Chiasse (de la).	Rien qui vaille, rebut.
Chiche-crotte.	Avare.
Chier des yeux.	Pleurer.
Chifouiller.	Chiffonner.
Chipoteur.	Chipotier, tracassier, vétilleur.
Chiton.	Avare.
Chouche.	Souche.
Chourillat.	Petit polisson.
Chuchillier.	Chuchoter, parler bas à l'oreille.
Cinet.	Grenier à foin.

LOCUTIONS VICIEUSES.	CORRIGÉ.
Cinglon.	Cinglement, action de cingler, un coup de fouet.
Cinglons (avoir des).	Avoir le bout des doigts excessivement froids.
Cintième.	Cinquième.
Claque en bec (un).	Un fromage mou.
Clartif.	Clair.
Clérinette.	Clarinette.
Cliboter.	Marcher sans faire attention où l'on pose ses pieds.
Cliche.	Loquet.
Clichet.	Petit loquet.
Cliche (avoir la).	Avoir le dévoiement.
Clifer.	Jeter de l'eau avec les pieds, comme font les petits polissons.
Clogne.	Quenouille.
Clousse.	Poule qui couve.
Cocareau.	Cocardeau, giroflée.
Cochonnaille.	Charcuterie.
Coffiner.	Faire cuire lentement sur un feu léger.
Coffiner (se).	Prendre ses aises avec complai-

LOCUTIONS VICIEUSES.	CORRIGÉ.
	sance, dans un lit ou près d'un bon feu.
Cognasse (viande).	dure, filandreuse, qui se mange difficilement.
Cognat.	Butor.
Cogner.	Frapper fort.
Colaphane.	Colophane.
Colidor.	Corridor.
Colle (une).	Tromperie.
Collée (une).	Un sacde blé.
Coller (quelqu'un).	Le tromper, lui mentir.
Coloquinte (gare à ta).	Gare à ta tête.
Colure.	Belle frisure de cheveux.
Comme de juste.	Comme il est juste.
Comme tout.	Beaucoup.
Conséquent.	Considérable, important.
Contendant.	Contondant.
Coq en pâte.	Personne qui se met à son aise
Coquassier.	Coquetier, marchand d'œufs et de volailles.
Coqueluche.	Gâteau à la graisse, au lard.
Cora.	Fruit de la rose des champs.

LOCUTIONS VICIEUSES.	CORRIGÉ.
Corette.	Noisette.
Corine.	Noisette.
Coronel.	Colonel.
Corporance.	Corpulence.
Corporé.	Membru, robuste.
Cota.	Tige de la laitue romaine.
Coudre (ton).	Ton coude.
Coulisse.	Coulure, mauvais temps, qui fait couler le fruit après la fleur.
Couperon.	Vase de terre dit lampion.
Courailleur.	Petit polisson qui court partout.
Courée.	Cour commune à plusieurs habitations.
Courgie.	Fouet de charretier.
Coursable.	Qui a cours.
Courtine.	Rideau de lit.
Coutance.	Dépense.
Coutanges.	Dépenses.
Coutumace.	Contumace.
Couturier.	Petit insecte rouge.
Couverte.	Couverture d'un lit.
Couvraines.	Semailles d'automne.

LOCUTIONS VICIEUSES.	CORRIGÉ.
Craffleux.	Sale, malpropre.
Craffouilleux.	Très-sale et très-malpropre.
Craignerais-je?	Craindrais-je ?
Craille.	Petite ouverture entre deux planches mal jointes.
Crâler.	Se dit d'une porte qui, en l'ouvrant, rend un son aigre.
Crâlin.	Polisson qui crie.
Cramaille.	Crémaillère.
Cramatte.	Crémaillère.
Cranicer.	Se gratter en tournant son dos.
Crâpe.	Fille publique de la dernière classe.
Crappe	Grappe.
Crapu.	Trapu.
Cressane (poire de).	De Crassane.
Cresson à la noix.	Cresson alénois.
Cri-cri.	Un grillon.
Croisette (lis ta).	Lis ton alphabet; qui commence par une croix.
Crompire (une).	Une pomme de terre.
Cronchu.	Grochu.

LOCUTIONS VICIEUSES.	CORRIGÉ.
Crulet.	Un petit panier plat sans anses.
Crutes (pommes).	Crues.
Crystère.	Clystère.
Cueiller.	Cueillir.
Cuider.	Faire plus de vin qu'on ne pensait.
Cuir (faire un).	Faire une faute de langage.
Culoter (se).	Se soûler.
Culotte (se donner une).	Se soûler.
Cumariau.	Culbute.
Cupiller.	Tracasser.
Cuviller.	Remuer inutilement.

LOCUTIONS VICIEUSES.	CORRIGÉ.
Da!	Exclamation d'assurance.
Dagonne.	Couenne de lard.
Damas.	Prune de toute espèce.
Danderlin.	Tandelin.
Dangéreux.	Dangereux.
D'astuce (il est bien).	Il est bien adroit, rusé.
Dayot.	Enfant qui fait des niaiseries.
Daziner.	Hésiter.
Déallée.	Délivrance d'une gêne, d'un embarras.

LOCUTIONS VICIEUSES.	CORRIGÉ.
Déallée (sancte bonne).	Exclamation qui signifie qu'on est très-content de voir partir une personne dont la présence vous ennuyait.
Débine (être dans la).	Etre ruiné.
Débiscallié.	Etre en bamboches.
Débiscassié.	Fatigué, affaibli.
Débistoché.	Ereinté de fatigue.
Débouler.	S'enfuir et rouler en tombant.
Débriole (une).	Glissade sur la glace.
Débrioler.	Glisser sur la glace.
Débriousse (se mettre en).	Se griser, faire bamboches.
Débrouser (se).	Se décrasser.
Décaflotter.	Eplucher des marrons ou des noisettes.
Décalbalance.	Escarpolette.
Décalbalancer.	Aller sur une escarpolette.
Décapiter (se).	Se dépiter.
Décesser.	Ne point cesser.
Déchatouiller.	Chatouiller.
Déchevrotter.	S'impatienter.

LOCUTIONS VICIEUSES.	CORRIGÉ.
Déclicher.	Soulever le loquet d'une porte.
Déclificher.	Jeter de l'eau avec une petite seringue.
Décœurer.	Vomir.
Décommander.	Contremander.
Décrépiter.	Faire enrager quelqu'un.
Décuider.	Faire moins de vin qu'on ne pensait.
Deffendeur.	Défendeur.
Définitif (en).	En définitive.
Définition.	Fin.
Défuler.	Oter son chapeau.
Dégèner.	Enlever un objet qui gêne quelqu'un.
Dégrimauder.	Parler entre ses dents d'un air
Dégrimoner.	Egratigner.
	mécontent.
Dégrouiller (se)	Gronder entre ses dents.
Dégrouiller.	Bruit que les boyaux font dans le ventre.
Dégueuler.	Vomir des injures, des aliments.
Déhotter.	Débourber un chariot.

LOCUTIONS VICIEUSES.	CORRIGÉ.
Délamponé.	Débraillé, avoir ses vêtements tout déchirés.
Délaner (se).	Oter son corset, se délacer.
Délabrer.	Appliquer un coup de bâton.
Délibéré (être).	Etre délivré.
Délogner.	Oter la longe d'un cheval.
Déluré.	Malin, plus instruit qu'on ne devrait être.
Déluter.	Fatiguer quelqu'un, l'ennuyer, le mettre hors de lui.
Démenuser du pain.	Emietter du pain.
Démeutir.	Délayer de la farine dans l'eau.
Dent (un gros).	Dent (une grosse).
Dentelure.	Denture.
Dépairer.	Dépareiller.
Dépersuader.	Détromper, dissuader.
Dépiauter.	Oter la peau.
Dépourer.	Essuyer la poussière.
Déracommencer.	Recommencer.
Derne (être).	Etre étourdi avec éblouissement, au point de ne plus savoir ce qu'on fait.

LOCUTIONS VICIEUSES.	CORRIGÉ.
Dernelle (la).	La nielle des blés.
Désencombrer.	Décombrer.
Descendre en bas.	Descendre.
Désirance (une).	Une envie de femme grosse.
Dessineur (un).	Un dessinateur.
Détracter.	Détraquer.
Détrier.	Trier.
Devenir.	Venir.
Deviens (j'en).	Je viens d'un endroit.
Dévouser.	Tutoyer.
Dezous.	Dessous.
Digession.	Digestion.
Dilumière (porte).	Porte Dieu-Lumière.
Dodin.	Nonchalant, flâneur.
Dodo.	Lit d'un petit enfant.
Dont auquel.	Duquel.
Dormir un bon somme.	Faire un bon somme.
Douceur (de la).	Tout ce qu'on mange avec son pain.
Douille.	Qu'on ne peut toucher sans faire crier.
Doutance.	Doute.

LOCUTIONS VICIEUSES.	CORRIGÉ.
Drage.	Drêche.
Dragon.	Cerf-volant des enfants.
Dravière.	Vesce.
Drès.	Dès.
Drongard.	Vieillard de mauvaise humeur.
Dur.	Foie de veau ou de bœuf, par opposition au poumon qu'on appelle *mou*.

LOCUTIONS VICIEUSES.	CORRIGÉ.
Ebarnouflé.	Surpris, étonné.
Ecailles de bois.	Copeaux.
Ecartayer.	Cartayer.
Echanger le linge.	Essanger.
Echarer.	Chasser.
Echépis.	Éclos.
Ecœuré.	Dégoûté.
Ecramer.	Écrêmer.
Ecuviller un four.	Le nettoyer.
Ecuvillon à four.	Écouvillon, lambeaux de toile servant à nettoyer le four chaud.

LOCUTIONS VICIEUSES.	CORRIGÉ.
Effoler (s').	Se blesser légèrement.
Effondries.	Effondrilles.
Effugie.	Effigie.
Egraffigner.	Égratigner.
Egraffignure.	Égratignure.
Egrailler (s').	Écarter fortement les jambes.
Egrepisse.	Nègrepelisse.
Egrevisse.	Écrevisse.
Egrot.	Malade languissant.
Elitre.	Élite.
Embarrassée.	Enceinte.
Embaufumé.	Atteint d'inflammation.
Emberlificoter.	Embrouiller.
Emberlin.	Petit enfant qui gêne.
Emblaveur.	Homme qui fait ses embarras.
Embriéver.	Embrever.
Emmêler.	Embrouiller.
Emouver.	Emouvoir, remuer.
Empéreur.	Empereur.
Empierger.	Empiéger, pris par les pieds dans un piège.
Empute.	Gâté, infecté.

LOCUTIONS VICIEUSES.	CORRIGÉ.
Émution.	Terreur panique.
Enfluxionné.	Enchiffrené, enrhumé du cerveau.
Engouler.	Avaler goulûment d'une seule bouchée.
Engueuler.	Manger avec gloutonnerie, donner force injures.
Engueuser.	Enjôler, amadouer.
Enguiché.	Mêlé, embrouillé.
En guigne.	Exciter le désir de quelqu'un, en lui montrant ce qu'il désire et ne peut avoir.
Ennuir.	Ennuyer.
Entouillé.	Inquiet, tout troublé.
Entremuire.	Trémie du moulin.
Entrepointer (s').	Se disputer, se quereller.
Entumi.	Engourdi.
Epeutir.	Enouer, noper.
Epouffer (de rire).	Pouffer de rire.
Eprevier.	Epervier.
Erésipèle.	Erysipèle.
Erifler (s').	S'écorcher légèrement.
Ériflure (une).	Une légère écorchure.

LOCUTIONS VICIEUSES.	CORRIGÉ.
Eronce.	Ronce, épine.
Escart.	Esclandre.
Escarts (faire ses).	Faire ses embarras.
Esclandir.	Eclabousser.
Escouer.	Secouer.
Escousse.	Secousse.
Escrepin.	Escarpin.
Espadron.	Espadon.
Esquelette.	Squelette.
Esquilancie.	Esquinancie.
Esquinté.	Ereinté, abîmé de fatigue.
Essai.	Petite bouteille pour donner des échantillons de vin.
Essoré.	Linge aux trois quarts frais.
Essort.	Soupirail de cave.
Essui.	Torchon.
Estatue.	Statue.
Estomac.	La gorge d'une femme.
Eteinte de voix.	Extinction de voix.
Etelles.	Attelles.
Eteule.	Chaume.
Etrange.	Etranger.

LOCUTIONS VICIEUSES.	CORRIGÉ.
Être. (Je suis été.)	J'ai été.
Etrinner.	Etrenner.
Etriver.	Contrarier.
Eviter la peine.	Epargner la peine.
Evu.	Eu.
Ezerber.	Eherber, sarcler.

LOCUTIONS VICIEUSES.	CORRIGÉ.
Faflotter.	Cajoler une femme.
Faignant.	Fainéant.
Fainander.	Faisander.
Faire. (Nous font.)	Nous faisons.
Falbana.	Falbala.
Farfouiller.	Fouiller en chiffonnant, en froissant.
Faucheux.	Araignée à longues pattes.
Fauter.	Commettre une faute.
Fendret.	Couperet de boucher.

LOCUTIONS VICIEUSES.	CORRIGÉ.
Fénête.	Fenêtre.
Fergouiller.	Faire du bruit dans l'eau avec un instrument quelconque.
Ferloques.	Guenilles.
Feuchelet.	Fluet.
Feurger.	Forger.
Fêve-pâte.	Espèce d'échaudé.
Fichaise.	Niaiserie.
Fichant (c'est).	C'est fâcheux, c'est contrariant.
Ficher (s'en).	S'en moquer.
Fier.	Apre au goût.
Fignoler.	Raffiner, vouloir surpasser ce qui est fait par les autres.
Filagrane.	Filigrane.
Fileux.	Fileur.
Finite.	Finie.
Fisquer.	Fixer.
Flammage.	Flammèche.
Flanc étrier (à).	A franc-étrier.
Flipette.	Etourderie.
Flouer quelqu'un.	L'attraper, le tromper.
Flûter (bien).	Boire beaucoup.

LOCUTIONS VICIEUSES.	CORRIGÉ.
Fogner.	Fouiller.
Font un somme.	Dormons.
Fouailleur.	Libertin.
Foudroyeuse(apoplessie).	Foudroyante (apoplexie).
Fouffes.	Loques.
Fouffetier.	Qui se mêle de tout, qui brouille tout, qui touche à tout.
Fouillis.	Trou où on a fouillé.
Fouillis.	Tas d'objets mêlés ensemble.
Fouiner.	Se sauver en se glissant pour ne pas être vu.
Foulance.	Foulure.
Foutimassé (être tout)	Etre très-fatigué, ennuyé, avoir le *spleen*.
Frais (être tout).	Etre tout mouillé.
Frais (me voilà).	Me voilà dans une fâcheuse position.
Franchipane.	Frangipane.
Frandoler.	Jeter une pierre.
Frandoles.	Contes qu'on ne veut pas croire.

LOCUTIONS VICIEUSES.	CORRIGÉ.
Frapouillat.	Gueux mal vêtu.
Frapouilles.	Vieilles guenilles.
Frase de veau.	Fraise de veau.
Frayon (petit).	Jeune coquette sale.
Frenne.	Farine.
Freumi.	Fourmi.
Freumigé.	Fromage délayé dans du lait.
Frigousse.	Bon mets, fricassée.
Frimousse (bonne).	Un visage bien fleuri, bien nourri.
Fringale.	Faimvalle, boulimie.
Frisque (il fait).	Il fait un froid léger, mais pénétrant.
Frisquette (à la).	Au froid léger, mais pénétrant du grand matin.
Froid les mains (j'ai).	J'ai froid aux mains.
Fromage-crême (un).	Un fromage à la crême.
Froyon.	Légères écorchures qu'éprouvent les personnes trop grasses, et celles qui montent à cheval pour la première fois.
Fumelle.	Femelle.

LOCUTIONS VICIEUSES.	CORRIGÉ.
Gadouilleux.	Mou, flasque.
Gagot.	Cagot.
Gailleux.	Mou, gélatineux.
Garitaines.	Viscères du porc.
Garitiau.	Etui à épingles.
Garnouiller.	Gâter, salir.
Gastrique.	Gastrite.
Gaudron.	Goudron.
Géane.	Géante.
Gendresse (une).	Une bru.

LOCUTIONS VICIEUSES.	CORRIGÉ.
Gession.	Gestion.
Giffle (une).	Une tape, un soufflet.
Giffler.	Taper, souffleter.
Gigier.	Gésier.
Girofrée.	Giroflée.
Glaçuis (un).	Un évier.
Glages.	Grandes herbes, sur le bord des fossés, étangs et rivières.
Glaviot (un).	Un crachat épais.
Gloye (une).	Une mare d'eau.
Gouêpe.	Guêpe.
Gouler.	Couler.
Goulot.	Goulote, rigole pour l'écoulement des eaux dans les rues et les maisons.
Gouri.	Cochon d'Inde.
Goyes.	Pâte en longs morceaux servant à engraisser les dindons.
Goyes.	Linge malpropre et de nulle valeur.
Goyon.	Linge sale et de nulle valeur.
Grachat.	Crachat.
Gracher.	Cracher.

LOCUTIONS VICIEUSES.	CORRIGÉ.
Graffignures.	Egratignure.
Graffouillat.	Qui se mêle de tout.
Graillon. Gratin.	Ce qui, étant trop cuit, reste au fond d'une poêle dans laquelle on a fait de la bouillie.
Grate (donner une).	Réprimander quelqu'un.
Gratouiller.	Chatouiller.
Graveleuses (cendres)	Cendres gravelées.
Gravouiller.	Faire du bruit dans l'eau avec un instrument quelconque.
Grigner les dents.	Grincer les dents.
Gringalet.	Un morveux, un petit enfant.
Grossier.	Gros.
Grouiller.	Remuer inutilement, et aussi gronder entre les dents.
Grouiller.—Grouler.	En parlant des boyaux qui font du bruit dans le ventre.
Gru.	Son de farine.
Gruger du sel.	Egruger du sel.
Grumeleau.	Grumeau.
Grumelet.	Pâte faite avec des œufs et de la farine.

LOCUTIONS VICIEUSES.	CORRIGÉ.
Gueffe.	Jabot de la volaille.
Gueffer (se).	Manger goulûment et avec excès.
Guérite (elle est).	Elle est guérie.
Guernouille.	Grenouille.
Guêtes.	Guêtres.
Guigner (aux mouches).	Ne rien faire et regarder en l'air de côté et d'autre.
Guinder.	Percher, nicher un objet.

LOCUTIONS VICIEUSES.	CORRIGÉ.
Hapé.	Rôti non cuit, mais qui en a la couleur.
Harpette.	Mince et frêle ; se dit d'un homme aussi bien que d'un cheval.
Haster.	Jouer souvent.
Hasteur.	Joueur déterminé.
Haule.	Tertre, petit monticule.
Hérit (un).	Un héritage.
Hiler.	Héler, appeler de loin.

LOCUTIONS VICIEUSES.	CORRIGÉ.
Himeur.	**Humeur.**
Hocler.	Tousser souvent.
Hocleux.	Personne qui tousse souvent.
Holer.	Appeler de loin.
Honchets (jeu des).	Jonchets.
Hosser.	S'attacher à un arbre, à une branche pour secouer ce qui se trouve dessus.
Hottière.	Femme qui porte la hotte.
Hottons.	Graine maigre qui se sépare du blé en le nettoyant.
Houlvari.	Hourvari, grand charivari, grand tapage.
Housettes.	Houseaux, grandes guêtres de toile.
Hulé.	Forte averse, giboulée.
Hussier.	Huissier.

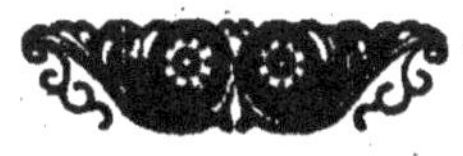

LOCUTIONS VICIEUSES.	CORRIGÉ.
Ici (dans ce moment).	Dans ce moment-*ci*.
Ils. (huit heures sont-*ils* sonnées).	Huit heures sont-*elles* sonnées.
Impasse (faire une).	Un passe-droit, une malhonnêteté.
Imputation.	Amputation.
Indifférent (pas).	Pas mauvais.
Indigession.	Indigestion.
Influence.	Affluence.
Inreconnaissable.	Méconnaissable.

LOCUTIONS VICIEUSES.	CORRIGÉ.
Inventionner.	Inventer.
Isolle.	Oseille.

LOCUTIONS VICIEUSES.	CORRIGÉ.
Jacquedal.	Grand benêt.
Jaqueçon.	Petit cotillon ou jaquette.
Jarron.	Gros brin de cotrets.
Jazeron.	Moule de fromage en osier.
Jésuïstes.	Jésuites.
Jeu d'eau.	Jet d'eau.
Jeunesse.	Jeune personne.
Joberie.	Plaisanterie.
Joindoux.	Pince avec laquelle on force le dernier cerceau d'un tonneau.

LOCUTIONS VICIEUSES.	CORRIGÉ.
Joindre (faire).	Faire obéir.
Jouin.	Juin.
Jouisserie.	Jouissance.
Jouque.	Endroit du poulailler où se perchent les poules.
Jouqué.	Perché.
Jousent (ils).	Ils jouent.
Joute (la).	Poirée ou bette, plante potagère.
Juivresse.	Juive.
Jusqu'à les genoux.	Jusqu'*aux* genoux.

LOCUTIONS VICIEUSES.	CORRIGÉ.
Kainzerlique.	Soldat autrichien.

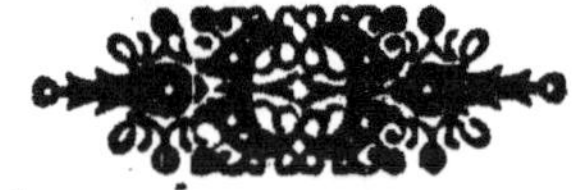

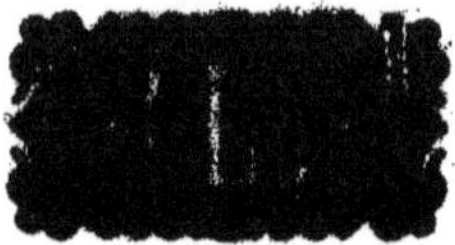

LOCUTIONS VICIEUSES.	CORRIGÉ.
Là.	Est très-fréquemment employé comme affirmation : Je le veux, *là* ; il a été là-bas, *là*.
Lansmagne.	Prisonnier de guerre allemand.
Laquée.	Trop grande quantité de sauce.
Lavier.	Evier.
Lèchette.	Diminutif de *lèche*, très-petite portion d'objets bons à manger.
Lessiveuse.	Lavandière, blanchisseuse.

LOCUTIONS VICIEUSES.	CORRIGÉ.
Libambelle.	Ribambelle, kyrielle, longue suite.
Librérie.	Librairie.
Licher.	Faire la noce, faire bamboches, être toujours à boire et à manger.
Linoteux.	Délicat, difficile.
Lizerne.	Luzerne.
Loce.	Grosse tarière de charpentier.
Lochon.	Gros morceau de pain.
Loquence (de la).	Avoir une voix très-forte.
Lormandie (rue de).	Rue de Normandie.
Lousse.	Louche, cuiller à potage.
Lubie (un).	Une lubie.
Lumer.	Eclairer quelqu'un qui sort.
Lumichon.	Lumignon.
Lusque.	Luxe.

LOCUTIONS VICIEUSES.	CORRIGÉ.
Mâchiller.	Mâchonner, mâcher doucement, sans faim.
Machin.	Outil, instrument quelconque.
Mâchionner.	Mâchonner avec difficulté ou négligence.
Mâchon.	Bouchée qu'on retire de sa bouche pour la donner à un petit chien.
Mairerie.	Mairie.
Mairesse.	L'épouse du maire.
Mais (je n'en puis).	Je n'y puis rien, ce n'est pas ma faute.

LOCUTIONS VICIEUSES.	CORRIGÉ.
Mal (mauvais).	Maladie dangereuse.
Mal d'avenure.	Mal d'aventure.
Mal commode.	Incommode.
Maline.	Maligne.
Malot.	Bourdon, grosse mouche.
Mals.	Maux.
Manre.	Mauvais, de peu de valeur.
Maquelotte.	Un peu de boue formant paquet.
Maquet.	Maquereau, poisson de mer.
Marcou.	Chat.
Marcusson.	Gland de terre. *Lathyrus tuberosus.*
Marelle.	Margelle d'un puits.
Marender.	Faire le repas de l'après-midi goûter.
Margajat.	Petit garçon qui se gâte.
Margotte.	Marcotte.
Margouiller.	Manier malpropement.
Margoulette.	La partie inférieure du visage.
Marmoder.	Marmotter.
Marolle (une).	Fromage de Marolles (un).

LOCUTIONS VICIEUSES.	CORRIGÉ.
Maronnes.	Culottes.
Marou.	Chat ou rat.
Masse (porte).	Porte Mars.
Mastoque.	Lourdaud, informe, grossier.
Mat (un temps).	Doux, mou et lourd.
Mât de cocaille.	De cocagne.
Matéraux.	Matériaux.
Maurize (Saint-).	St-Maurice.
Mauvaiseté.	Méchanceté.
Maxauder.	Tourmenter, être en butte aux mauvais traitements.
Maxauder.	Manier indécemment.
Mécredi.	Mercredi.
Mégard (par).	Mégarde (par).
Mèles.	Nèfles.
Mélice (la).	La milice.
Mentirie.	Menterie, léger mensonge.
Ménuit.	Minuit.
Ménusier.	Menuisier.
Menuseries.	Ordures que laisse le bois à brûler après déplacement.
Meplan.	Perclus.

LOCUTIONS VICIEUSES.	CORRIGÉ.
Merlin.	Marlin, gros marteau à fendre le bois.
Mès que.	Dès que.
Métail (pain de).	Méteil.
Métique.	Emétique.
Mettre.	Admettre.
Meurdre.	Meurtre.
Meurizon.	Maturite.
Mialer.	Miauler.
Miaulée.	Ce qu'on mâcne avant de le donner aux petits chats.
Michette.	Très-petit morceau de pain.
Midi sont sonnés.	*Est* sonné.
Mien (la).	La mienne.
Milisse.	Mélisse.
Mineresse.	Une mineure.
Misserjean.	Messire Jean.
Mistanflûte (à la).	Tout de travers.
Mitan (au).	Au millieu.
Miton (faire un).	Bain d'eau tiède avec force savon.
Mitonner.	Laver dans un bain d'eau tiède qui a force savon.

LOCUTIONS VICIEUSES.	CORRIGÉ.
Molin.	Moulin.
Mollicart.	Mou, mollet.
Mont de la Reine.	Mont-d'Arène.
Monche à miel.	Mouche à miel.
Monter en haut.	Monter.
Mordure.	Morsure.
Mou.	Poumon du bœuf ou du veau.
Mouches catholiques.	Mouches cantharides.
Mouchette(donnez la)	*les* Mouchettes.
Mouchier.	Eleveur de mouches à miel.
Mouffeter.	Remuer.
Moulingrin.	Boulingrin.
Mousiner.	Bruiner, petite pluie froide qui tombe lentement.
Mousse.	Enfant laid, désagréable.
Mousseur(vin).	Mousseux (vin).
Mouver.	Mouvoir, remuer.
Moyau.	Muet.
Muge.	Linge presque sec.
Muitre.	Moisi, gâté.
Murison.	Maturité.

LOCUTIONS VICIEUSES.	CORRIGÉ.
Nahu.	Sot, niais.
Naques.	Dents.
Naqueter.	Tirer dans la laine peignée les boutons qui s'y trouvent, et ce avec les dents.
Naquiller.	Manger sans appétit.
Nareux.	Difficile sur le manger.
Naveau.	Navet.
Neau.	Cheneau.

LOCUTIONS VICIEUSES.	CORRIGÉ.
Nentilles.	Lentilles.
Nèque.	Non plus que.
Néquerre (rue de).	Equerre (rue de l').
Nixe.	Etroit, habit auquel on a refusé l'étoffe.
Noberte.	Prune, balosse.
Nobertė.	Confiture faite avec des nobertes.
Noblesse (c'est une).	C'est *un* noble.
Nocer.	Faire bombance et bamboches.
Noceur.	Celui qui fait bombance et bamboches.
Nune part.	Nulle part.

LOCUTIONS VICIEUSES.	CORRIGÉ.
Observer (je vous observe).	Je vous *fais* observer que.
Odale.	Insupportable.
Odé.	Las, fatigué.
Ombrette.	Ombrelle.
Onchets (jeu des).	Jonchets (jeu des).
Orbée (il pleut par).	Il pleut de temps en temps.
Or-de-ruelle.	Orde-ruelle.
Ordon.	Bande de vendangeurs.
Originals (des).	Des originaux.

LOCUTIONS VICIEUSES.	CORRIGÉ.
Ormoire.	Armoire.
Ortrie.	Ortie.
Osière.	Osier.
Ostiner (s').	S'obstiner.
Ouïe fin.	Ouïe *fine*.
Ourder.	Ourdir.
Ousse que tu vas ?	Où vas-tu ?
Ouverre.	Ouvrir.

LOCUTIONS VICIEUSES.	CORRIGÉ.
Pain de carteron.	Pain de cretons.
Palefermier.	Palfrenier.
Paler.	Nettoyer une écurie.
Palette.	Pelle à feu.
Palon.	Pelle en bois.
Panelier.—Panetier.	Vannier.
Pantomine.	Pantomime.
Paour.	Lourdaud.
Papinette.	Cuiller de bois.
Paquant.	Lourdaud, rustre.
Pariure.	Gageure.

LOCUTIONS VICIEUSES.	CORRIGÉ.
Passagère (rue).	Passante.
Passet.	Petit marche-pied.
Passette.	Chaufferette.
Pataboeuf.	Gros lourdaud.
Pataclan.	Bataclan.
Patenais.	Panais.
Patouiller.	Marcher dans la boue, la fange.
Peignerais-je.	Peindrais-je.
Peindu.	Peint.
Pensèque (vous ferez cela).	Sans doute vous ferez cela.
Percette.	Le bluet, *Lychnis githago.*
Perlouette.	Et cœtera.
Pertuis d'une aiguille	Chas d'une aiguille.
Pétréau.	Genièvre.
Pied (aller de).	Aller à pied.
Pied droit.	Pied de roi.
Piolard.	Pleureur.
Pinçons (avoir des).	Avoir le bout des doigts de la main ou des pieds excessivement froid.
Pipitre.	Pupitre.

LOCUTIONS VICIEUSES.	CORRIGÉ.
pique (de la).	De la piquette.
Pique (j'ai la). Piquette (j'ai la).	J'ai très-froid à une partie quelconque des extrémités du corps.
Place (une).	Une pièce, une chambre.
Plaignerais-je?	Plaindrais-je?
Plamuse.	Coup de poing.
Platrouiller.	S'amuser à marcher dans la boue, l'eau sale.
Pleutre.	Poltron.
Pluchotter.	Éplucher sans nécessité.
Plurésie.	Pleurésie.
Poisse.	Poix.
Polie.	Poulie.
Polygogne.	Polygone.
Poques (avoir des).	Des marques laissées sur la figure par suite de la petite-vérole.
Porge.	Porche, vestibule.
Poriginel.	Polichinelle.
Porjon.	Poireau.
Poste.	Jeune enfant étourdi.

LOCUTIONS VICIEUSES.	CORRIGÉ.
Postige.	Postiche.
Poteleux, euse.	Potelé, ée (un bras).
Poturon.	Potiron.
Poudrière.	Poudrier.
Pouf (un).	Un homme gros et replet.
Pouilleux.	Pouillot (*mentha pulegium*).
Pouplier.	Peuplier.
Pourceline.	Porcelaine.
Promenette.	Lisières avec lesquelles on soutient les enfants qu'on apprend à marcher.
Prône.	Grille en bois de la moitié de la hauteur d'une porte.
Prope.	Propre.
Puissant (homme).	Gros et gras.
Pytoyeux.	Celui qui levait la dîme.

LOCUTIONS VICIEUSES.	CORRIGÉ.
Quance (faire).	Faire semblant.
Quand vous (j'y serai)	Aussitôt que vous.
Quarquier.	Quartier.
Quartel d'avoine (un).	Mesure de capacité.
Quartel de terre (un).	Id.
Quarteron.	Creton, petit morceau de lard frit.
Quasiment.	Quasi, presque.
Quate.	Quatre.

LOCUTIONS VICIEUSES.	CORRIGÉ.
Quelle heure est-ce qu'il est?	Quelle heure est-il ?
Que de...!	Beaucoup de.
Quelongne.	Quenouille.
Querniotte.	Petite fenêtre.
Queuque chose.	Quelque chose.
Quoique ça, commence par finir.	Vas-tu finir ?
Quoi qu'y gnia ?	Qu'est-ce qu'il y a ?

LOCUTIONS VICIEUSES.	CORRIGÉ.
Rabotte.	Pomme cuite enveloppée d'une pâte cuite au four.
Racoquiller (se).	Se rapprocher tous les membres pour tâcher d'avoir moins froid.
Racoquillé (tout).	Tout resserré.
Radotier (un).	Un radoteur.
Raffoué (être).	Etre blasé, fatigué de tout.
Raffuter.	Châtier un enfant.
Rafistoler (se).	Se rhabiller.

LOCUTIONS VICIEUSES.	CORRIGÉ.
Rager.	Etre très en colère.
Ragoteux.	Qui murmure contre quelqu'un.
Ragotier.	Radoteur.
Ragrobiller (se).	Rapprocher tous les membres pour paraître tenir moins de place.
Raie d'oignons.	Glane d'oignons, paquet d'oignons rangés sur de la paille en forme d'épi.
Raine corasse.	Grenouille verte.
Ramaille.	Ramille, petit menu bois.
Ramasser quelqu'un.	Le trouver en faute et le maltraiter.
Rameuchi.	Linge sec resté au grenier par un temps frais.
Ramicher (se).	Regagner au jeu ce qu'on y avait perdu.
Ramignoter (se).	Regagner ce qu'on a perdu au jeu.
Ramonat.	Ramoneur.
Ramouleur.	Rémouleur.
Rancuser.	Rapporter ce qui se dit et se fait.

LOCUTIONS VICIEUSES.	CORRIGÉ.
Rancuseur.	Celui qui rapporte ce qui se dit et se fait.
Rantouser quelqu'un.	Visiter les hardes de quelqu'un et remplacer par du neuf tout ce qui est en mauvais état.
Rantouser (se).	Se rhabiller à neuf de pied en cap.
Rapapiller ses babines	Lécher ses lèvres, après avoir bu du vin ou des liqueurs.
Rappairer.	Rétablir des effets en nombre pair.
Rappelé (il en a).	Il en a appelé.
Rappérier (se).	Se remettre d'une fatigue.
Rappérier.	Se dit d'une liqueur qu'on laisse reposer pour qu'elle s'éclaircisse.
Rataïon.	Père du taïon (bisaïeul).
Ratatouille.	Fricassée de viandes et de légumes.
Raton.	Gratin de la bouillie.
Ratourner.	Revenir sur ses pas.
Rattrot (donner le).	Gronder quelqu'un.

LOCUTIONS VICIEUSES.	CORRIGÉ.
Raverdir.	Reverdir.
Rébarbaratif.	Rébarbatif.
Reboulé.	Emoussé.
Réchoupiller (se).	Reprendre des forces.
Reciner.	Manger entre ses repas.
Reclaquer.	Vomir.
Recorder.	Instruire quelqu'un de ce qu'il doit dire et aire.
Recous.	Se dit des fruits noués après la fleur passée.
Recran (ètre de).	Etre très-las par excès de travail.
Récurage.	Ecurage, action d'écurer.
Récurer un chaudron.	Ecurer un chaudron.
Récurer un puits.	Curer un puits.
Rédicule.	Ridicule.
Regard.	Partie de mur d'enceinte à hauteur d'homme, de laquelle on peut apercevoir la campagne.
Regardant (homme).	Trop intéressé.
Regiber.	Régimber, résister.
Reguingote.	Redingote.
Rein.	Rien.

LOCUTIONS VICIEUSES.	CORRIGÉ.
Relécher.	Lécher de nouveau.
Reliage.	Reliure.
Relogner.	Regarder quelqu'un effronté-ment.
Remettre.	Vomir.
Remonter une montre	Monter une montre.
Renarder.	Vomir par le nez.
Renchère.	Augmentation de prix.
Renchu.	Retombé.
Renchute.	Rechute.
Rendition.	Reddition.
Rentraite.	Rentraiture.
Répandre (se).	Se laisser tomber.
Renvidé (être).	Etre mort.
Renvider (se).	Mourir.
Résida.	Réséda.
Résipèle.	Erysipèle.
Resogner. / Resongner.	Craindre, redouter.
Résous.	Résolu, hardi.
Ressembler son père.	*A* son père.
Ressort (être à).	Mettre du sien, être dupe.

LOCUTIONS VICIEUSES.	CORRIGÉ.
Ressuer (se).	Se sécher après avoir eu chaud, ou avoir été mouillé.
Ressuer.	Faire sécher.
Rétamer.	Etamer.
Retarzer.	Retarder.
Rétine.	Claie d'osier pour faire sécher les fruits.
Rétri.	Ridé, rétréci.
Rétu.	Entêté.
Retumer.	Retrancher quelque chose.
Revoyure (à la).	Quand nous nous reverrons.
Rigoli.	Eau de réglisse que font les écoliers.
Ritatouille.	Ratatouille, fricassée de viandes et de légumes.
Rizelles.	Ridelles.
Roise.	Fossé où on met tremper le chanvre.
Roquer.	Gagner tout ce que possède un joueur.
Rossignol à glands.	Un porc.
Roulée.	Coups de bâton.

LOCUTIONS VICIEUSES.	CORRIGÉ.
Rouquin.	Homme qui a les cheveux roux.
Rousselet (rue du).	Ruisselet (rue du).
Russiau.	Ruisseau.
Rzin.	Raisin.

LOCUTIONS VICIEUSES.	CORRIGÉ.
Salopier.	Homme sale et malpropre.
Sangsure.	Sangsue.
Sarabane.	Sarabande.
Sasse.	Sas, tamis.
Sa-tu?	Sais-tu ?
Sa-vous?	Savez-vous ?
Scailler.	Fouetter un enfant.
Sec (chemise).	Chemise sèche.
Sèche (pain).	Pain sec.
Serin (un).	Un sot, un niais.

LOCUTIONS VICIEUSES.	CORRIGÉ.
Sersifis.	Salsifis.
Siau (un).	Un seau.
Signe (son).	Sa signature.
Silence (balai de).	Balai fait avec l'*arundo phragmites*.
Simer.	Plaie qui suppure.
Simonet.	Gâteau de pâte feuilletée, qu'on ne mange qu'en carême.
Siner.	Signer.
Sinet.	Perches jetées sur des étables et sur lesquelles on place le foin.
Sissite (faire).	S'asseoir.
Si tellement froid.	Très-froid.
Soi (j'ai).	J'ai soif.
Solliciter un malade.	Le soigner.
Soque.	Souche de bois.
Soquet.	Fort cahot éprouvé en voiture.
Sorcilège.	Sortilège.
Sortir de faire.	Quitter, venir de faire quelque chose.
Soucils.	Sourcils.

LOCUTIONS VICIEUSES.	CORRIGÉ.
Soumission respectueuse.	Sommation respectueuse.
Souris chaude.	Chauve-souris.
Sous-toite.	Avance d'un toit.
Soutré.	Paille étendue sur terre avant de mettre le blé en tas.
Souvérain.	Souverain.
Staux (un).	Une stalle.
Suc.	Sucre.
Sui (je l'ai).	Je l'ai suivi.
Supente.	Soupente.
Supporté (objet).	Objet qui n'est pas neuf.
Surger.	Méditer pour cacher sa pensée.
Syphorien (Saint).	St-Symphorien.

LOCUTIONS VICIEUSES.	CORRIGÉ.
Tabe.	Table.
Tacon.	Flocon de quelque matière qu'on ne peut démêler.
Taïon.	Aïeul, grand-père.
Tailladins.	Vermicelle fait à la main.
Talheure.	Tout-à-l'heure.
Tanfer.	Panteler, haleter.
Tantimolle.	Crêpe (une).
Tant pire.	Tant pis.

LOCUTIONS VICIEUSES.	CORRIGÉ.
Tapisserie (faire).	Se dit d'une demoiselle qui ne danse pas, parce qu'elle n'est pas invitée.
Taque.	Contre-cœur, plaque de fonte à la cheminée.
Tarabusquer.	Tarabuster.
Tare (le).	Tare (la).
Tarzer.	Tarder.
Taugnat.	Sournois, poltron.
Taugner.	Battre, rosser.
Taupin.	Sournois.
Tenre.	Tendre.
Tépi-témi.	Toujours de même.
Terrasse (mine).	Mine terreuse.
Terri.	Aire d'un cellier.
Tesson.	Le crâne.
Thérèse (une).	Coiffe de femme en toile.
Tien (la).	La tienne.
Tingler.	Se dit du vin qui tire à l'aigre.
Tocane.	Mauvais vin.
Toile à oreiller.	Taie à oreiller.
Tombé (j'ai).	Je suis tombé.

LOCUTIONS VICIEUSES.	CORRIGÉ.
Tond (mon chien est).	Est tondu.
Tonton.	Toton, jouet d'enfant.
Tortiner.	Tordre quelque chose.
Touiller.	Salir, toucher sans précaution.
Toupiller (se).	Se contrarier d'un rien.
Tour (faire son petit).	Uriner.
Tour(faire son grand)	Rendre ses excréments.
Touret.	Rouet.
Tourniole.	Tourniole, panaris qui fait le tour de l'ongle.
Tout de même.	Pourtant, toutefois, s'ajoute fort souvent à la fin d'une phrase comme affirmation.
Tout plein.	Beaucoup.
Toux (un gros).	Une grosse toux.
Trace (en).	Laisser traîner ses hardes.
Tracer.	Faire beaucoup de pas et de démarches.
Trape.	Etourdi, volage.
Trapercé. Trépercé.	Mouillé jusqu'aux os.
Travers (un).	Un traversin.

Trembler la fièvre.	Avoir la fièvre.
Trême (de la).	De la trame.
Trémontade (perdre la).	La tramontane, se troubler, s'égarer.
Trempinette (faire la).	Tremper son pain dans du vin pur.
Trébien (j'en veux).	J'en veux beaucoup.
Trifouillard.	Celui qui trifouille.
Trifouiller.	Fouiller salement et mal à propos.
Trimar.	Embarras.
Trimer.	Fatiguer beaucoup.
Trimballer quelqu'un	Le mener par toute une ville pour la lui faire connaître.
Trinqueballer.	Trimballer.
Trioler.	Aller et venir sans but.
Troche (une).	Un pied d'herbes réunies ensemble.
Trocher.	Pulluler.
Trois-pieds.	Trépied.
Trouve (une).	Trouvaille.
Truand.	Paresseux.

LOCUTIONS VICIEUSES.	CORRIGÉ.
Tumer.	Humer, boire sec.
Turne (une).	Une mauvaise cabane ou un mauvais lieu.
Tuter.	Se dit des enfants qui tètent leur doigt ou leur langue.
Tuteron.	Rouleau de linge qu'on donne aux enfants pour tuter.

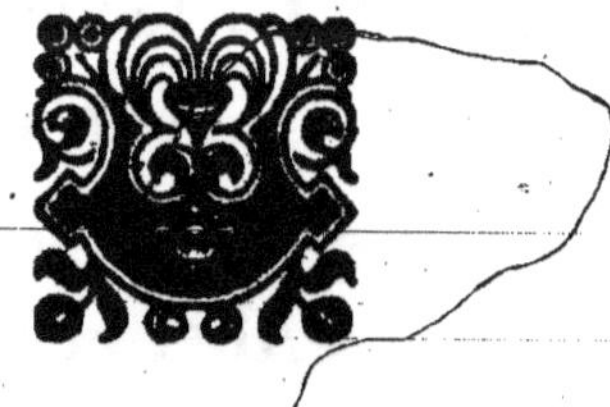

LOCUTIONS VICIEUSES.	CORRIGÉ.
Usage (ce drap est d'un bon).	D'un bon *user*.
Usage (cette femme a de l').	A l'usage du monde.
User du tabac.	*Prendre* du tabac.
Util.	Outil.

LOCUTIONS VICIEUSES.	CORRIGÉ.
Valachie. (*prononcez*)	Valaquie.
Valissance.	Valeur.
Vasselage.	Eau répandue dans une chambre.
Vaule.	Veule.
Vautes (des).	Des crêpes.
Vé.	Voyez.
Vendue (une).	Une vente.
Venu (j'ai).	Je *suis* venu.
Vèpes.	Vèpres.

9

LOCUTIONS VICIEUSES.	CORRIGÉ.
Vente (j'ai mal au).	Mal au ventre.
Verde (pomme).	Verte.
Verder.	Repousser.
Vicable (enfant).	Enfant viable.
Viens-nous-en.	Allons-nous-en.
Vièzeries.	Vieilleries.
Vigon.	Sale, malpropre.
Ville-en-Serf.	Ville-en-Selve.
Vinaigue.	Vinaigre.
Vin-pierre.	Tartre.
Vlimeux.	Venimeux.
Vlin.	Venin.
Vognon.	Prune rouge et jaune.
Voleresse (une).	Une voleuse.
Voyons voir.	Voyons.
Volontiers (il ne perd pas).	Il ne perd pas *souvent*.

Se prononce par les neuf dixièmes des habitants de Reims comme iske, *au lieu de* ikce.

LOCUTIONS VICIEUSES.	CORRIGÉ.
Yard.	Liard.
Yauque.	Quelque chose.
Yé (saint).	Saint-Lié.
Yénard (saint).	Saint-Liénard, et mieux Saint-Léonard.
Yeue (une).	Une lieue.
Y grègue.	Y grec.

NOTE

SUR LA PRONONCIATION.

On aura pu remarquer qu'à Reims l'usage est de changer :

*l'*A *en* É *: on dit* Clérinette *au lieu de* Clarinette.

*l'*I *en* É : *on dit* Ménuit *au lieu de* Minuit.

*l'*N *en* L : *on dit* Lormandie *au lieu de* Normandie.

le CH *en* SS : *on dit* Lousse *au lieu de* Louche.

*L'*R *est supprimé dans* Fenêtre, Chambre, Propre *et* Ventre. — *Un étranger est surpris d'entendre dire par une jolie Rémoise :* Ouvrez la fenête, j'ai mal au vente et ma chambe est prope.

VIEUX MOTS, MOTS POPULAIRES, MOTS FAMILIERS,

Employés à Reims,

QUI SE TROUVENT DANS LE DICTIONNAIRE DE BOISTE

ET AUTRES.

ABRÉVIATIONS.

V.	pour	Vieux.
Pop.		Populaire.
Fam.		Familier.

Vieux Mots, Mots populaires, Mots familiers,

EMPLOYÉS A REIMS,

Qui se trouvent dans le Dictionnaire de Boiste *et autres.*

LOCUTIONS VICIEUSES.	CORRIGÉ.
Abasourdi. (v.)	Etourdî, accablé, consterné.
Ahurir. (pop. fam.)	Interdire, rendre stupéfait, étonné.
Assener. (v.)	Porter un coup violent, juste à l'endroit où on le veut.
Bâfre. (pop.)	Repas abondant, action de manger.
Bâfrer. (pop.)	Manger goulûment et avec excès.
Bâfrerie. (pop.)	Bâfre, repas abondant.

LOCUTIONS VICIEUSES.	CORRIGÉ.
Bâfreur. (pop.)	Gourmand, goinfre, grand mangeur.
Baguenauder. (fam.)	S'amuser à des riens, à des frivolités.
Barguigner (pop.) (il n'y a pas à).	Il n'y a pas à hésiter.
Bisquer. (fam. pop.)	Pester, fumer, avoir du dépit, de l'humeur, du regret.
Blague. (pop.)	Mensonge, fanfaronnade.
Blagueur. (pop.)	Hableur, fanfaron de mauvais ton
Blaguer. (pop.)	Dire des choses vaines, des mensonges avec une assurance effrontée.
Bouffer. (pop.)	Manger avec avidité.
Bouter. (v.)	Mettre.
Brifer. (v. pop.)	Manger avidement, goulûment.
Brimbaler. (fam.)	Sonner avec force et long-temps.
Brimborions. (fam.)	Colifichets, babioles, choses de très-peu de valeur.
Buée. (v.)	Lessive.
Buire. (v.)	Vase.
Buvable. (fam.)	Qui peut être bu, *mieux* potable.

LOCUTIONS VICIEUSES.	CORRIGÉ.
Ça. (pop. fam.)	Cela, cette chose-là.
Cabochard. (v.)	Entêté, fantasque.
Cabocheux. (v.)	Entêté, fantasque.
Chipotier. (fam.)	Vétilleur, qui chipote, qui barguigne.
Chique [une]. (pop.)	Bille en terre cuite ou en marbre ou en agate, avec laquelle les enfants jouent.
Cossu. (fam.)	Opulent, qui est riche, à son aise; étoffé. Se dit des personnes et des choses.
Couverte [une]. (v. pop.)	Couverture de lit.
Culot [le]. (fam.)	Le dernier né d'une famille.
Dadais. (fam.)	Niais, nigaud, décontenancé.
Dégoiser. (fam.)	Parler beaucoup et indiscrètement.
Dégoiser [se]. (pop.)	Se dégourdir, se déniaiser.
Dégringolade. (fam.)	Chute rapide.
Dégringoler. (fam.)	Descendre très-vite, malgré soi et par soubresauts.
Dévaler. (v.)	Descendre de haut en bas.

LOCUTIONS VICIEUSES.	CORRIGÉ.
Dodo [faire]. (fam. pop.)	Dormir. *Allez dodo*, allez dormir. Un bon *dodo*, un bon lit.
Ebaubi. (v. fam.)	Etonné, surpris.
Egosiller [s']. (fam.)	Crier à tue-tête, se faire mal au gosier à force de crier ou de chanter.
Empaumer [quelqu'un]. (fam.)	Le séduire, se rendre maître de son esprit pour en faire tout ce qu'on veut.
Endèvé. (pop.)	Mutin, chagrin, impatient, emporté.
Endèver [faire] (pop.)	Enrager (faire).
Esseulé (v. fam.)	Solitaire, abandonné de tout le monde.
Flandrin. (fam.)	Un homme fluet, élancé.
Frasque (fam.)	Tour malin, action extravagante, imprévue, faite avec éclat.
Fumer. (fam. pop.)	Être vexé, bisquer, concentrer sa mauvaise humeur, son dépit, sa colère.
Futé. (fam.)	Fin, rusé, madré, adroit.

LOCUTIONS VICIEUSES.	CORRIGÉ.
Galer [se]. (pop.)	Se gratter.
Gargouille (v.)	Une gouttière, une descente d'eau.
Geindre (fam. pop.)	Gémir doucement, se plaindre sans sujet grave.
Goberger [se]. (pop.)	Prendre ses aises, se réjouir.
Godailler. (fam.)	Manger et boire à plusieurs reprises et avec excès.
Goinfrade. (pop.)	Repas de goinfre.
Goinfre. (pop.)	Homme qui met tout son plaisir à manger.
Goinfrer. (pop.)	Manger beaucoup et avidement.
Goinfrerie. (pop.)	Gourmandise sans aucune délicatesse.
Gouailler. (pop.)	Railler.
Gouailleur. (pop.)	Railleur.
Goulée. (pop.)	Une grosse bouchée, ce que la bouche peut contenir.
Gouliafre. (pop.)	Glouton malpropre.
Gourd, —de. (v. fam.) J'ai les mains gourdes.	(J'ai les mains engourdies par le froid.)

LOCUTIONS VICIEUSES.	CORRIGÉ.
Grabuge. (fam.)	Querelle, bruit, désordre.
Grafigner. (pop.)	Égratignure.
Grigou. (fam.)	Avare, sordide, gredin, misérable.
Grouiller. (pop.)	Remuer.
Happelopin. (v.)	Gourmand.
Hogner. (pop.)	Gronder, murmurer, se plaindre, comme font les chiens quand ils sont à une porte qu'ils veulent se faire ouvrir.
Humer. (fam.)	Avaler, aspirer un liquide, l'air, le brouillard, la fumée.
Hurluberlu [un]. (fam. pop.	Un étourdi, inconsidéré.
Jappe. (pop.)	Caquet.
Jober. (v.)	Railler, plaisanter.
Lèche [une]. (fam. pop.)	Une très-petite quantité de mets.
Loque. (fam.)	Lambeau, pièce, morceau, guenille, effet troué et arraché.
Mairesse. (v.)	Femme d'un maire.

LOCUTIONS VICIEUSES.	CORRIGÉ.
Manigance. (fam.)	**Mauvaise ruse, manœuvre secrète, procédé artificieux.**
Margot. (fam.)	**Pie, femme bavarde et trop libre.**
Marsouin. (pop.)	**Homme laid, sale et mal bâti.**
Médonner. (terme de jeu.)	**Mal donner.**
Moult. (v.)	**Beaucoup, très.**
Nanan. (fam.)	**Friandises, sucreries.**
Naveau. (v.)	**Navet.**
Niquedouille. (pop.)	**Sot, niais, qui craint de se faire mal.**
Onglée [avoir l']. (fam.)	**Avoir un engourdissement douloureux au bout des doigts, causé par le froid.**
Paltoquet. (pop.)	**Homme épais, lourd et grossier.**
Pécune. (v.)	**Argent.**
Penaud. (fam.)	**Honteux, embarrassé, interdit.**
Pépie (avoir la). (f.)	**Avoir soif.**
Piallard. (pop.)	**Qui crie fort par humeur et continuellement.**
Piailler. (pop.)	**Crier fort par humeur et con-**

	tinuellement.
Piailleur. (pop.)	Piaillard, criard.
Piaulard. (pop.)	Pleureur.
Piolard. (pop.)	Pleureur.
Pioler. (fam.)	Se plaindre en pleurant.
Pierrot. (pop.)	Moineau franc.
Pleurnicher. (fam.)	Feindre de pleurer.
Pleurnicheur. (fam.)	Qui pleure sans cesse et sans raison ; qui feint de pleurer.
Poquer (terme de jeu).	Lancer une boule, une chique, contre une autre.
Purette (être en). (f.)	Etre presque nu, avoir une simple chemise.
Ragoter. (pop.)	Murmurer contre quelqu'un.
Ramasser (se). (fam.)	Se relever étant tombé.
Ramon (un). (v.)	Un balai.
Rasibus (au). (fam.)	Couper tout près, tout contre.
Rat. (fam.)	Caprice, fantaisie.
Ratatiné. (pop.)	Ridé, flétri, rabougri.
Rechiner. (v.)	Rechigner, bourrer, être de mauvaise humeur.
Relicher. (pop.)	Lécher souvent, manger.

LOCUTIONS VICIEUSES.	CORRIGÉ.
Reluquer. (fam.)	Regarder quelqu'un du coin de l'œil avec curiosité et convoitise.
Rembourrer [quelqu'un]. (fam. pop.)	Rembarrer, repousser quelqu'un.
Renacler. (fam.)	Hésiter, refuser de faire quelque chose.
Renifler. (fam.)	Faire du bruit en aspirant par le nez.
Renifleur. (pop.)	Homme qui renifle.
Requinquer (se). (p.)	Se parer plus qu'il ne convient.
Ribambelle. (fam.)	Kyrielle, longue suite.
Ripopée (fam.).	Mélange de vins, de liqueurs, de sauces, et tout mélange en général.
Rognoner. (v. pop.)	Gronder, grommeler, murmurer entre ses dents.
Sabouler. (pop.)	Houspiller, gronder, tourmenter.
Saccage. (pop.)	Amas confus, bouleversement, confusion, grande quantité.
Savart. (v.)	Terrain non cultivé, friche.

LOCUTIONS VICIEUSES.	CORRIGÉ.
Semonceur. (v.) Semonneur. (v.)	Ceux qui invitent et ceux qui portent les billets d'invitation pour les enterrements.
Soûlard. (pop.)	Gourmand, ivrogne.
Soûlaud. (pop.)	Goinfre, ivre et malpropre.
Toquer. (v.)	Toucher.
Torcher. (pop.)	Battre.
Tressauter. (pop.)	Tressaillir.
Tricot. (pop.)	Bâton gros et court.
Trucher. (pop).	Mendier par fainéantise.
Trucheur,-se. (pop.)	Celui ou celle qui mendie par fainéantise.

FIN.

Imp. de ASSY et Comp., Lithographes, à Reims.

www.ingramcontent.com/pod-product-compliance
Lightning Source LLC
LaVergne TN
LVHW020344230826
846091LV00003B/988

* 9 7 8 2 0 1 3 4 4 7 5 8 4 *